LAS IGNORANCIAS

JAVIER VELAZA

LAS IGNORANCIAS

XXXVII Premio Internacional de Poesía
Fundación Loewe

VISOR LIBROS

VOLUMEN MCCLIX DE LA COLECCIÓN VISOR DE POESÍA

Los miembros del jurado fueron: Víctor García de la Concha (Presidente), Gioconda Belli, Antonio Colinas, Aurora Egido, Juan Antonio González-Iglesias, Raquel Lanseros, María Negroni, Carme Riera, Jaime Siles, Luis Antonio de Villena y Diego Roel (ganador de la anterior convocatoria).

Cubierta: Elena Goñi

Isaac Peral, 18 - 28015 Madrid
www.visor-libros.com

ISBN: 978-84-9895-549-1
Depósito Legal: M-3350-2025

Impreso en España - Printed in Spain
Gráficas Muriel. C/ Investigación, n.º 9. P. I. Los Olivos - 28906 Getafe (Madrid)

Es natural que al comienzo no sientas más que una especie de oscuridad sobre tu mente o, si se quiere, una nube del no saber (...)
Pero aprende a permanecer en esa oscuridad.
Vuelve a ella tantas veces como puedas (...)

The Cloud of Unknowing
(Anónimo inglés del siglo XIV)

(...) *un no saber sabiendo* (...)

JUAN DE LA CRUZ

GORGIAS

No sabemos seguro casi nada
sobre Gorgias. Que nació en Leontinos,
que era soltero y detestó el banquete,
que llegó a vivir ciento ocho años.
Que dijo: *Nada existe. Y si algo*
existiera, sería incognoscible.
Y si algo existiera y fuera cognoscible,
sería incomunicable. Que, después
de afirmarlo, tuvo aún el coraje
de consagrar su vida a la enseñanza.

I

NADA EXISTE

NADA

Alguien que estaba solo escribió este poema,
como tú, que estás solo cuando ahora lo lees.
Los dos estamos juntos solos en este instante
de una nada imposible sin antes ni después.
Cuando hayas terminado de leer estos versos
se extinguirá un mundo increado en el
que tú y yo habremos sido únicos habitantes
que buscaron a otro para encontrarse en él.
Tú volverás al tiempo donde yo nunca estuve,
yo al lugar donde nunca te reencontraré.
Y no sabrá ninguno de los dos qué sucede
dentro de esta infinita soledad de papel.

ORILLA

Lo llamamos orilla. Es ese sitio
donde desiste el mar por un instante
de ser y se proclama la victoria
efímera, en espumas, de la arena
—o viceversa—, margen fugitivo,
exacto cada vez y cada vez
incierto porque nunca se repite.

Orilla lo llamamos y en el atlas
una línea sin línea es que divide
el azul de los verdes o los ocres,
el invariable estático contorno
de las islas y de los continentes
—quien dibuja en los mapas las orillas
no ha debido de ver jamás el mar—.

Lo llamamos orilla, pero es solo
algo más que no existe y tiene nombre,
—lo mismo que el pasado o la esperanza
o dios o el horizonte—. O el amor,
porque también es el amor orilla
—ahora mar— de dos seres —ahora tierra—
que exploran su imprecisa finitud.

No hubo jamás dos orillas iguales
y nunca ha sido igual la misma orilla.
No intentes caminar sobre el perímetro
imposible del mar de tu pasado.
Vivir es aprender a dibujar
sobre el mapa del alma, que es de arena,
las espumas del tiempo que vendrá.

FUENTE DEL CHOPO

Regresas a tu pueblo. Te paseas
entre gentes que ya no existen, clamas
sus nombres abolidos y responde
el eco en una lengua ahora extinta.

Buscas tu nombre inscrito en la corteza
del chopo de la fuente y solo encuentras
un mar de invernaderos donde se ahoga
la memoria de un río desecado.

Tu pueblo ya no existe. Tú, tampoco.
Queda solo tu amor por lo imposible
buscando en el vacío qué abrazar
con los brazos que el tiempo te amputó.

JAMBOREE 2

Glosa a «Zeleste 1» de José María Fonollosa

Ahora ya puede verse claramente.
Se insinuó algún tiempo, era como
un faro, no, un foco. No, una luz.
No, tampoco una luz, porque era débil.
Como un resplandor tenue que avanzaba
con firmeza, empujando, poco a poco,
su resplandor, o luz, o foco, o faro…,
hasta que al fin un día se hizo nítido.

Luego pasó y hoy vemos claramente
que no sabremos nunca lo que fue.

EN LA PISCINA

En recuerdo de Toni Beltrán

Lo trascendente no se exhibe nunca.
Prefiere, pudibundo, la apariencia
de lo trivial y suele camuflarse
tras escenas inocuas. Si no aprendes
a mirar, pasa siempre inadvertido.
Aquella tarde el verano hervía
en la piscina Estige: unas nereidas
se bronceaban junto al trampolín,
hacían largos de braza los telquines,
sobre hamacas azules apuraban
su *spritz* tres oceánidas, los hijos
de las ninfas jugaban a pillar.
Era todo anodino y era absurdo
sospecharle un sentido o un secreto.
Entonces tú emergiste de las aguas
como un poseidón para decirme:
Si te enseñaron a leer la noche,
tu obligación es escribir el día
—y buceaba en tus ojos abisales
la fe de Galileo—. *Nos lo debes,*
no tienes elección, me repetiste,
y cambiaste de orilla para siempre.

La noche recogió los flotadores
y plegó las toallas el otoño.
Yo comprendí más tarde que los dioses
suelen utilizar como correos
a los que están a punto de marchar
y acaté tu sentencia. Desde entonces
sigo escribiendo como un condenado.

DÉBIL

Lo aprendiste muy pronto: en la escuela,
de la vara cruel de don Orbilio
y del recreo sangriento; en las esquinas,
de la navaja y de la humillación;
en los libros, de Aquiles el de pies
ligeros y cerebro microscópico,
del criminal artero que era Ulises,
de los césares decapitadores,
de todos los santiagos matamoros.

Comprendiste que es sobre lo endeble
sobre lo que se apoya el universo,
sobre la inconsistencia de la atmósfera,
sobre el agua sin forma ni vigor,
sobre la mansedumbre del sumiso,
sobre la idea etérea de un futuro.

Tú vives desde entonces dando gracias
porque te ha dado la naturaleza
la fuerza insuperable de los débiles.

CONVOCATORIA

Estamos convocados. Nos lo dicen
los buzones vacíos, los teléfonos
que no suenan, los correos en blanco.
Que nadie nos lo anuncie nos lo anuncia
con un silencio ensordecedor.
Estamos convocados y es gozoso,
juntos, al mismo tiempo y en idéntico
lugar, indiscutiblemente todos.
Solo estas condiciones nos imponen:
que cada uno traiga nada más
lo mejor de su casa, lo más limpio,
lo que no deje huella ni dolor;
que lo reparta luego en ocho mil
millones de porciones y lo ponga
en el centro; que todo el mundo acuda
vestido con su piel más transparente,
la que exhibe el color del corazón;
que, por si acaso, no esperemos nada,
y que lo hagamos todo por si acaso.
Estamos convocados, y eso es mucho.
No sabemos a qué, por qué, por quién,
no sabemos si nunca lo sabremos,
pero sí que sabemos que es probable
que esta sea la única ocasión.

PROBLEMAS ALGEBRAICOS

Era así en los problemas algebraicos.

En los primeros pasos los binomios
se desplegaban elegantemente,
presumían de vuelo las potencias,
iba grácil la pompa de los signos.
La suma del cuadrado y el cuadrado
de la suma crecían con la suma
por diferencia y todo lo expandían
la energía de las operaciones
y el brío de la factorización.

Luego menguaba el ritmo. Poco a poco,
ralentizaban su expansión los términos
y comenzaban a simplificarse,
se eliminaban, desaparecían,
y al fin quedaba solo una igualdad
desnuda, deslumbrantemente hermosa.

Y se sabía solución correcta,
porque lo simple es siempre verdadero,
porque lo verdadero siempre es simple.

Pero algo en ocasiones no iba bien:
durante el desarrollo se advertía
un absceso en los coeficientes
o una tumefacción exponencial,
y en cada nuevo paso se abultaban
más y más las variables y era obvio
que en el siguiente se hipertrofiarían
todavía más y no sería posible
reducirlas, que todo iba abocado
sin falta a un resultado catastrófico.

Y a la sazón se hacía manifiesto
que algo en algún lugar había fallado,
que un descuido minúsculo en un signo,
el yerro imperceptible de una cifra
o la pifia de un cálculo muy fácil
lo habían echado en algún momento
todo a perder irremediablemente,
y que ya era demasiado tarde
para encontrar la errata y corregirla.

Era así en los problemas algebraicos,
aquella alegoría de nuestra historia.

BARRIO NUEVO

En este nuevo barrio de pulquérrimas
avenidas y mármol y futuros
soberbiamente proyectados por
secuaces de Hipódamo de Mileto,
con su horizonte aún a estrenar,
su lluvia de diseño, su exquisita
armonía de líneas y su límpido
urbanismo feliz inteligente,
en este barrio nuevo todavía
esperamos nosotros el prodigio
de que alguien sepa construir por fin
una maravillosa casa vieja.

GATO

Araña con sus uñas en la puerta,
raca-raca, lo oigo todo el tiempo
y adivino sus ojos centelleantes
de avidez, raca-raca, raca-raca.

Pide que le abra, quiere comprobar
si estoy muerto o estoy vivo, yo, que estoy
vivo y muerto aún al mismo tiempo.
Es una fiera cruel y homicida.

No por casualidad le puse el nombre
de Schrödinger a ese gato que araña,
raca-raca, esta puerta, raca-raca,
que no podría abrir aunque quisiera.

LECCIÓN DE CIRUGÍA

Para la amputación, es lo primero
determinar por dónde ha de cortarse.

No extirparás más de lo necesario.

Después bloquea el flujo y efectúa
una meticulosa disección,
procurando evitar principalmente
hemorragias severas o necrosis.

Luego has de suturar; nunca repares
en el tamaño de la cicatriz.

Recuerda que de toda amputación
resultan a la fuerza dos mitades,
pero que únicamente sobrevive
aquella que conserva el corazón.

Y que sigue sintiéndose a menudo
dolor en el órgano amputado.

ESTO

Dios era esto. ¿Quién lo hubiese dicho?
Indagabas en vano en las alturas
y en la profundidad, lo conjuraste
con abstrusos estériles ensalmos,
pero no estaba allí, no respondía.

No lo hubieras creído tan sencillo.
Solo era esto, y era natural,
después de todo. ¿Qué, si no? ¿Por qué
esperarlo distinto o inconcebible?

Al fin dios era esto, nada más.
Inmenso, bondadoso, omnipotente.
Tan inmenso que cabe en lo minúsculo,
tan bondadoso que genera el mal
y tan omnipotente que no existe.

PRIMER PRINCIPIO DE LA ARQUITECTURA

El requisito de la firmeza se cumplirá
si la profundidad de los cimientos llega hasta un asiento sólido.

VITRUVIO 1.3.2

Si acaso fundas casa, nunca sea
sobre el escombro inútil del ya-no.
Balasto deleznable, no compactan
sus guijos de derribo y se deslíe
al apoyar sobre él la nueva obra.
En el ya-no se asilan solo espectros
desahuciados a rastras del pasado.

Si acaso eriges casa, no sea nunca
sobre la hueca sima del aún-no.
Ilusorio cimiento, ni siquiera
consigue sostener en su vacío
la fábrica sutil de la intemperie.
En el aún-no se hospeda el espejismo
de un futuro que nunca llegará.

Si acaso instauras casa, sea siempre
un sólido edificio apuntalado
sobre los vigorosos fundamentos
de este indestructible todavía.

TARA

Resulta inapreciable. Ni se ve
ni se percibe al tacto, camuflada
como está en perfección, pero existe
una pequeña tara en cada cosa,
un desperfecto mínimo en su hechura
que desbarata su funcionamiento.
Todo lo tiene en este mundo, no hay
nada aquí que no sea de descarte.
Por eso roza, excede, lía, rasca,
patina, aprieta, cojea, rechina,
falla, retuerce, cruje, desajusta.
Y por eso seguimos aún creyendo
los desechados que vendrá quien sepa
con todas estas piezas defectuosas
formar una perfecta obra de arte.

UNA MILMILLONÉSIMA DE SEGUNDO

Dicen que es ilusión y que es estéril.

Entre los nubarrones del más negro
y más pugnaz de todos los ocasos,
cuando nadie en su juicio esperaría
del día un acto de contrición, un último
heroico haz de luz logra filtrarse
e incide exactamente sobre el rostro
que tienes ante ti. Y solo entonces,
una milmillonésima de segundo
o menos aún, el rostro se ilumina,
diamántase, titila, se transmuta
y se convierte en la única razón
de todo lo existente y lo existido,
en la causa inicial del universo,
del movimiento astral y de la génesis
de la vida y de todas las especies,
en la esencia de dios, de los imperios
y de la entera historia, y ese rostro,
una milmillonésima de segundo,
concentra el flujo todo de los átomos,
la ley de la entropía, el equilibrio
del caos, la abolición de la materia
y el final absoluto de los tiempos,

todo a la vez y todo sublimado,
vertido, condensado en ese rostro
que es el sentido terminal de todo
durante aquella inexplicable eterna
milmillonésima de segundo.

Dicen que es ilusión y que es estéril,
pero ojalá te ocurra alguna vez.

II

SI ALGO EXISTIERA, SERÍA INCOGNOSCIBLE

FOTÓNICA

El fotón desconoce qué es la luz.
No se lo expliques, no podrá entender
que hay un sutil milagro que transmuta
lo oculto en evidente y que lo ofrenda
como exclusivo don al ojo humano.
Jamás percibirá la iridiscencia
que envuelve de colores su corpúsculo
y baña en catarata portentosa
este universo nítido y fulgente.

El fotón desconoce que es la luz.
Ignora que sin él, sin su minúscula
energía, sin su movimiento
exiguo e impredecible, no habría más
que una sola perpetua noche insomne.
No sabe que él existe solamente
para unirse a congéneres idénticos
y componer con ellos el fulgor
mirífico que es razón de todo.

El fotón desconoce qué es la luz
y también desconoce que es la luz.
No hay nada más terrible y más hermoso:
ser luz y no saberlo, e iluminar sin ver.

Como nosotros, ciegos titilando en la noche.

NADA SABER

Nada sabes. Contemplas
y todo está desnudo,
la luz no tiene dentro
el tiempo todavía.
Todo es recién creado
ante tus ojos nuevos.

Nada saber. ¡Qué error,
si se supiera algo!
¡Y qué bajeza ser
sabiendo, como dioses!

En tu cuenco vacío
acaso todo el mundo
se contenga, desiste
de comprenderlo nunca.

Y recuerda: ser hombre
es dar gracias por ello.

LA ESPECIE ELEGIDA

A las demás especies se les dio
la ciencia de no saber: al ave,
un cielo sin enigmas; a los félidos,
la simpleza de la ferocidad;
el olvido salvífico, al pez; a todas,
una fe ciega en perpetuarse.

A la especie elegida, sin embargo,
se le otorgó otra ciencia aún más noble,
la de saber tan solo una cosa:
que no sabe, que no sabrá, que no
es posible saber. Esa es la única
razón de que inventase la poesía.

EL DON

Si pudieras prever la trayectoria
exacta que describirá esa ave,
¿a qué observar su vuelo? ¿Qué sentido
tendría caminar, si predecible
fuera el siguiente paso? ¿Para qué
empezaría alguien a escribir
un poema cuyo final conozca?

No saber es el don que hace sublime
cada cosa sencilla que acontece.

Por ejemplo, este abrazo que nos une
ahora sería inútil, si supiésemos
a ciencia cierta que no va a ser
ya el último que podremos darnos.

DE TODAS LAS MANERAS DE IGNORAR

De todas las maneras de ignorar,
la más digna, sin duda, es el amor.

Nace, como la ciencia, del asombro,
pero elige mejor, porque renuncia
a toda explicación del universo.
Le basta con la piel y el arrebato
como única fe, en la fusión
ve la forma suprema del destino.

Saber y amar son justo lo contrario:
quien ama ignora con sabiduría
inscrita en el genoma de la especie,
y no ambiciona más y no precisa
otro que la inconsciencia transparente
que es dádiva gozosa a los humildes.

Quien sabe amar jamás amó saber:
preserva la ignorancia como el oro,
tiene los ojos limpios y reposa
sobre su propio amor el infinito.

Así, nosotros dos: nada sabemos
uno del otro, más que no nos sabe,

que nos ignora tan completamente
como nadie jamás nos ha ignorado
ni nos podrá ignorar, que le ignoramos
más que a nosotros mismos, que daríamos
la vida por ignorancia a él.

Que nos ignoraremos para siempre.

COALEMO

Tendrás que ser el dios de la ignorancia.
Llegó tarde al reparto, no quedaba
ya otra jurisdicción que atribuirle.

Le llamaban Coalemo, era hijo
bastardo de la Noche. Atenea
lo miró con desdén y se burlaron
de él todos los dioses del Olimpo.

Después se le olvidó: no lo mencionan
ni Hesíodo ni Ovidio, inútilmente
lo buscarás en frescos o en cerámicas,
nadie erigió un altar donde adorarlo.

Somos los más ingratos de los seres:
hemos abandonado al dios más digno,
al único en verdad que nos ampara.

ACÚFENOS

Tienes acúfenos: cuando todo calla,
te aúlla tu silencio. Confundidas
resonancias, rumores, ruidos roncos
dentro de tu cabeza se entretejen
en un bajo continuo, como pistas
superpuestas de muchas grabaciones
que llevasen registro de tu historia.

Si las escuchas con gran atención,
puedes reconocer algunas veces
voces de alguien que habla en tu pasado,
alguien que te reprende o se despide
o te susurra amor o que te implora
clemencia o que te llama entre cipreses.

Y en ocasiones es tu propia voz
de otro tiempo la que identificas
pidiendo auxilio o declamando trenos
o mintiendo verdades o rindiéndose
o jurando sin fe. O bien tu voz
de mañana que llama entre cipreses.

Toda tu vida suena simultánea
en tus acúfenos: es la partitura
ilegible que nadie interpretó.

AFUERAS

Siempre has vivido aquí, en las afueras
—desguarecido cierzo sobre olvidos
de plomo, resignadas tiznes, besos
sin asfaltar al filo de la noche—.
Al fondo del suburbio, entre la herrumbre
de los sueños que nadie retiró,
cavaste una guarida para el lobo
que descubriste en ti. Y te ha bastado
con eso casi siempre. Eres de lejos
de todo, tan extranjero que no hablas
tu propia lengua. Solo muy de vez
en cuando, si el invierno te cuarteaba
el alma, te subías al vetusto
autobús que conduce hasta tu centro.
La ventanilla maquillaba sucia
al pasar periferias de una infancia
terrosa, adolescentes arrabales
de deseo y dolor; a duras penas
pudiste vislumbrar en el trayecto
hombres sin rostro, siluetas idénticas
a ti que deambulaban por andenes
sin origen ni fin, que se extraviaban
por osarios, ferrallas, auditorios,
tugurios, bibliotecas, hospitales,

que se desvanecían entre ausencias.
Y entonces un mareo te obligaba
a apearte a medio recorrido.
Al centro no llegaste nunca, nada
has sabido de allá, tal vez no exista.
Tu lugar está aquí, tú solo puedes
vivir en las afueras de ti mismo.

CASTIGO

Debió de ser horrendo lo que hicimos.
Más execrable que matar a un huésped
o violar a una diosa, más cruel
que ofrecer en banquete los despojos
de tu único hijo, aún más perverso
que crear ese ser llamado hombre.

Lo que hicimos debió de ser monstruoso,
porque no nos ataron con serpientes
a una rueda de fuego, ni nos quitan
los alimentos siempre de los labios,
ni nuestro hígado lo devora un águila.

Sin duda el nuestro fue el peor pecado,
porque es el peor nuestro castigo:
vivir cien años sin saber leer
en esta casa hecha de poesía.

CLAVADISTAS

Se requiere una técnica impecable.

Lo primero, el impulso: vertical
y desnudo, todo tendón se elonga
hacia esa luz tan nueva que aún no sabe
qué iluminar del aire. No es la altura
—ley de la levedad— lo que se anhela,
sino permanecer en el destiempo
acumulando espacio y energía.

Después es ese instante congelado
entre no ascender ya y aún no bajar.
La quietud, fin supremo del esfuerzo,
se hace ley y pronóstico y emprende
la suerte de caer: tirabuzones
escorzando figuras, torsionado
vórtice de los miembros, espiral
torbellino resuelto en catarata.

Pero al fin es la entrada la suprema
virtud del clavadista: en derechura,
perturbando lo mínimo posible
la armonía del agua, atravesar
su transparencia, desaparecer.

Recuerda, solo tienes un intento.

ESCRITO EN UNA TEJA

Antes de la cocción, sobre tu arcilla
todavía fresca, un dedo vacilante
de alfarero inscribió en su mal latín:
«Ojalá siempre tengas un lugar
junto a los dioses». La labor del horno
endureció tu forma y unas manos
de albañil te asentaron en el techo
como culmen de aquella casa nueva.

Los inviernos llovieron sobre ti
su desmemoria. Tan solo las aves
leían el mensaje que negabas
pertinaz a los hombres, hasta que
dos mil años más tarde te exhumaron
de entre el escombro de la casa, hundida
por el seísmo impío de los tiempos.

¿Qué habrá ahora escrito sobre esta techumbre?
¿Un deseo indulgente o una maldición?
¿En qué idioma que ya no comprendemos?
¿Quién lo habrá puesto, cuándo se leerá?
¿Por qué solo nos es dado saber
después que todo ha sido destruido?

¿Por qué nos miran tan tristes las aves?

FADO

Lisboa anochecía sin alma en el estuario
de tus labios abiertos, caliginosa y gris.

Tú eras como Lisboa, triste de puro bella.
Procedías también de un terremoto antiguo
e inacabado, ruinas inhabitables, besos
de despedida lenta hacia otra soledad.

Tú eras como Lisboa, bella de puro triste,
esquirla de un espejo que esmeriló el olvido.
Tus pestañas cerraban las ojivas del Carmo
al sueño de un océano que nunca despertó.

Nada puede curar el dolor de este fado,
nadie sabe qué ha muerto entre Lisboa y tú.

JOGGING

Esta ciudad te ve todas las tardes
hacer *jogging* por sus calles perplejas.
Tu ruta es el azar, cada semáforo
en verde te dirige hacia algún rumbo
que desconoces y que no te importa.

No parar es tu ley. A veces juegas
a sortear los coches o imaginas
que los paseantes son perseguidores
que te quieren prender y corres mucho
y todavía más hasta salvarte.

Al fin llegas a casa extenuado
y feliz, porque queda ya muy poco
y te sabes a punto finalmente.

Lo mismo que vivir, correr fue siempre
tu forma de entrenar para la huida.

OMNISCIENTES

Ese hombre que cruza con su carro
de la compra, aquel niño que patea
un balón contra el muro, las vecinas
desaliñadas, un estibador,
tu farmacéutico, esta turbamulta
de derrotados, la mujer sin sombra,
los asesinos, la leprosa, el triste,
la amputada, el oscuro, el capataz,
todos lo saben todo. Todos saben
todos los logaritmos neperianos,
el destino de dios, la arquitectura
del desierto, el envés de las palabras,
saben por qué lo hiciste y el arcano
del alquimista que mudó su piel,
la masa exacta de los astros muertos,
el día primero, el cómo del adiós.
Todos lo saben todo, lo contienen
en cada mitocondria de sus células,
lo proclaman con cada gesto, en cada
silencio por entero lo revelan.
Lo saben todo, pero no lo saben,
porque lo saben entre todos y
lo saben solo con el corazón.
Los ignorantes son los omniscientes
que escogieron vivir en soledad.

NUEVAS NOTICIAS DEL VIAJE

No se ve todavía nada nuevo.
El horizonte, tercamente inmóvil,
funde cielo y desierto en la distancia.
Los pies no dejan traza que seguir
y se huella terreno siempre virgen.
De los que comenzaron este viaje
quedan solo unos pocos descendientes;
los demás somos hijos del trayecto
y la promiscuidad. No llegaremos
todos. Son muchos ya los sepultados
junto al camino y más aún los que faltan
por inhumar: es esta nuestra siembra
por si un día germina. Por si acaso.
Mientras tanto, en la ruta, hemos ido
inventando los dioses, la alegría,
la música de Bach, el telescopio
y otras cosas inútiles y bellas.
Nadie podrá decir que no hemos hecho
bastante, aun no sabiendo lo que hacemos.
No se ve nada nuevo todavía,
pero alguien nos ha dicho que el final
está ya cerca, ahí, donde el desierto
se separe del cielo finalmente.
No sabemos. Y no nos hace falta.
Nuestro único plan es proseguir.

SOLO

Ha limpiado la casa de sus huellas
para que no se sepa que fue él.

Ha dicho sin palabras el adiós
verdadero, el que no se dice a nadie.

Lo que tiene que hacer, aún no lo sabe,
pero sabe que se hace solo solo.

OFRENDA EN PIEDIGROTTA

El autobús te lleva sin prisa a Piedigrotta.
Este sol que adormece a un viejo en la terraza
es todavía el mismo que iluminó a Parténope,
pero el mar que ahora escalda esa grey de bañistas
ha roído más pecios y contiene más sangre.
Tú eres un peregrino exhausto; en tu mochila,
la rama de tomillo que cortaste en tu infancia
justo para este día y el ajado volumen
que te trajo hasta aquí. No hay nadie en este parque.
Las copas de las hayas y el aroma del mirto
custodian el sinuoso ascenso hasta la puerta
de un mausoleo. Cubres tu cabeza al entrar.
Se dice que aquí estuvo sepultado aquel hombre
que, a punto de morir, mandó quemar su obra.
La historia que se cuenta en ese viejo libro
es la historia de todos: la del héroe que nunca
habría querido serlo, que huye de un estrago,
que carga con el peso de su estirpe en sus hombros,
que duda y tiene miedo, que cae y se levanta
y cae y se levanta y cae y se levanta,
y que ignora por qué. Que al final se equivoca.
Llevamos dos mil años traicionando la última
voluntad de Virgilio, dos mil años errantes,
abandonando a didos, bajando a los infiernos,

llorando a palinuros, dando muerte a mecencios.
No ha servido de nada: dos mil años después,
aún no hemos aprendido a perdonar a Turno,
porque lo que comienza con la palabra *armas*,
solo puede acabar con la palabra *sombras*.
Al dejar Piedigrotta tú has depositado
tu rama de tomillo, sin fe la tarde cae.
Por el paseo marítimo, un hombre taciturno
va empujando la silla de ruedas de su padre
y su hijo sin nombre les sigue con desgana.
No saben todavía adónde van a ir.
Quizás no sea tarde para quemar la Eneida.

VIAJE A CUMAS

Tiene solo una puerta esta consulta
y no es de marfil. Como infierno,
es demasiado gélida y austera,
sin concesiones a la literatura.

La enfermera no sabe que se llama
Sibila, pero sabe que es tu turno
y quizás algo más, por eso eludes
al entrar el presagio de sus ojos.

El doctor no sabe griego, sabe
tu futuro.
Tú quieres
no saber.

SALAGÍN

Unas manos, piadosas sin saberlo,
acaban de exhumarlo. Con escrúpulo,
nueva sacerdotisa, esa arqueóloga
va limpiando del polvo del olvido
el altar y descubre sobre el mármol
los surcos de unas letras que componen
un nombre nunca dicho en dos milenios:
Salagín. Lo repite: *Salagín.*
Y un dios regresa al que era su dominio
en un tiempo de furia y de congoja
como todos los tiempos. Nadie sabe
qué significa *Salagín,* qué víctimas
le fueron inmoladas y por quiénes
fue arrasado su templo. Nadie sabe
qué azar ha hecho que vuelva. La mujer
hace ofrenda al altar de su silencio,
el único exvoto apropiado
para los dioses en que nadie cree.

ÚNICO

Atardece, en los bancos de este parque
idénticas parejas interpretan
idénticas ideas del amor.

Se sientan frente a frente, remedando
la postura que vieron en su serie
favorita, esa que extrajo el director
de una vieja película basada
en la novela de quien se inspiró
en un cuadro romántico pintado
por alguien que tenía en su memoria
un fresco de Pompeya que plasmaba
el ideal erótico que Safo
había aprendido de los versos
que improvisó un aedo de Mikonos
basándose en un ánfora fenicia
decorada por alguien que había estado
largo tiempo en Uruk y que sabía
de memoria un poema babilónico
antiquísimo en el que dos amantes
se sientan frente a frente exactamente
como ahora aquí en el parque esas parejas.

No sabemos amar, solo plagiamos.
Amamos como creemos que ha de hacerse,
con palabras ajenas, con caricias
copiadas y prestados ademanes,
emulamos los besos, las posturas,
los jadeos, las protestas, los adioses.

Sí, también desamamos imitando,
nuestra crueldad es también mimética,
manierista el olvido que sufrimos.

No dejes que te enseñen cómo amar,
desobedece a Ovidio. Que tu abrazo
sea diferente a todos los demás,
innova en cada mimo, crea inéditas
ternuras, reinventa la pasión,
sé original, inimitable, único.

Que de ti tengan todos que decir
que no existió el amor hasta que amaste.

III

SI ALGO EXISTIERA Y FUERA COGNOSCIBLE, SERÍA INCOMUNICABLE

SALMODIA

Te gustan las palabras que no entiendes.
A veces las pronuncias por el puro
placer de su sonido misterioso:
sijú, platinotipia, estatocisto,
orinque, gorgorán, cayapear,
hanzo, quijongo, lígrimo, estrangul.

Y has cantado mil veces esa vieja
canción en un idioma que no sabes:
diensuermaifrénisblouinindeuín
diensuerisblouinindeuín.
Es tan hermosa que no necesitas
que signifique algo y la repites
como una oración hacia la nada.

Así es también tu amor hacia los hombres,
esta bella salmodia sin sentido.

LENGUAS ANTIGUAS

No es su sonido insólito, no es
la pátina romántica que el tiempo
ha adherido sobre ellas, ni tampoco
imaginarlas puestas en los labios
soberbios de los dioses o patéticos
de quienes fueron héroes un instante.
Nada de eso te habría hecho consagrar
a ellas la mejor parte de tu vida.

De las lenguas antiguas te emociona
el modo en que se amaban sus palabras.

Como en una familia, se ofrecían
protección las unas a las otras,
y eran tan generosas en su entrega
que mudaban hasta su mismo cuerpo
por adquirir la hechura del abrazo.
Aunque estuviesen lejos entre sí,
las enlazaba un hilo imperceptible
que afianzaba su vínculo afectivo,
y se unían en sintagmas fraternales,
en entrañadas cláusulas, en íntimas
oraciones y en periodos donde
hubo todas las formas del amor.

Sí, en las lenguas antiguas las palabras
se amaron con ternura. Pero luego
no se sabe qué mal —o qué castigo—
se abatió sobre ellas: poco a poco
perdieron relación, se distanciaron,
se tornaron hurañas, invariables,
y acabaron al fin por devenir
en voces solitarias que se ignoran.

Tú sabes que la historia de una lengua
no es mejor que la historia de sus gentes.

Acaso tengas miedo de que las
palabras del futuro ya no sean
capaces de quererse y es por eso
que enseñaste latín toda tu vida.

Muchos de tus alumnos no aprendieron
latín, sino a abrazar. Debes de ser
un fracaso de la pedagogía.

AULA MAGNA

Universitat de Barcelona
Edifici Històric

Un claustro con naranjos es síntesis del cosmos:
lo cerrado en lo abierto, la bóveda y la idea,
el perfume del símbolo, la eternidad fugaz.
Los peces del estanque nos miran compasivos:
lo saben todo, saben que no sabemos nada,
como ellos, y prosiguen su ufana comitiva
de birretes polícromos y elíptico compás.
El edificio vibra, columnas de palabras
lo apuntalan: Homero, Virgilio y Dante dan
paseos por un tiempo tejido de visiones
que no es sino azogue de la realidad.
Tú transitas junto a ellos los escaques del piso,
la pureza en tus guantes abre la puerta. Y entras.
El Aula Magna es el templo de la luz.
Aquí es donde se obra cada día un milagro
de fe: alguien infunde la claridad en otro,
le entrega en comunión el alma de las cosas.
Dentro, todo es altura. El buen maestro enseña
aquello que se sabe. El gran maestro enseña
cuánto se desconoce. Pero solo el maestro
verdadero es capaz de enseñar todo lo que

jamás podrá saberse, la belleza que anida
dentro de la ignorancia. Tú supiste muy pronto
que esta tenía que ser tu forma de ser hombre
y de amar a los hombres: explicar cómo late
dentro del Aula Magna el corazón del mundo.

CORO

El primer balbuceo de este niño,
sus futuras palabras infantiles,
el discurso que hile cuando hombre,
sus silencios de anciano, su adiós último,
todas y cada una de las sílabas
que pronuncie en su vida compondrán
una única frase:
su pregunta.

Si alguien pudiese oírla íntegramente
y también el unísono de todas
las de los hombres todos que existieron
y existirán, vendría a comprender
esa polifonía insuperable
que dice desde siempre y hasta siempre
otra única frase:
la respuesta.

SIN NOMBRE

No todo tiene nombre. Muchas cosas
lo tuvieron y lo han perdido; algunas
lo esperan todavía; a otras más
su nombre las está abandonando
en este mismo instante y ya se marchan
hacia el mundo vacío de lo anónimo.

No tiene todo nombre. No lo tiene
eso que antes fue esfera y ya no sirve
para jugar; ni lo que, aún ignorado,
late dentro del vientre de una madre;
ni el preciso lugar del universo
donde dirás adiós; ni la sustancia
de la que todos estamos vacíos.

No tenga nombre todo. Preservemos
el goce de vivir cuanto no cabe
en la palabra, aquello que la excede
o la repudia, lo que se cobija
en el misterio de lo innominado.
Nómbrese solamente lo superfluo,
protejamos sin nombre lo que importa.

INTERSTICIO

Detrás de las palabras y delante
de las cosas. Exactamente ahí
se encuentra el intersticio. Acaso entres
a través del sonido, a tentones,
tal vez descomponiendo los morfemas
o reptando bajo el significado.
Nunca la misma grieta ha de abrírsete
ni siempre llegarás —hay quien no lo hace
nunca—. Ojalá puedas tú alcanzar
ese lugar exacto que equidista
del objeto y su nombre, sin tocarlos.
Será hermoso saberte donde nadie
estuvo antes ni estará después.
Pero de nada vale si regresas
de allí sin nada para los demás.
Vano fulgor si solo sobre uno,
solo se llama luz si es para todos.

TUONE UDAINA

Una mina de tierra, el diez de junio
de mil ochocientos noventa y ocho,
mató en Krk al barbero Tuone Udaina.
Aunque los libros dicen que era el último
hablante del dalmático, no es cierto,
porque para una lengua se requiere
más de uno. Como para el amor.
Nadie puede hablar solo, ni amar solo.
También tu amor es una lengua extinta.
Igual que Tuone Udaina, tú no puedes
hablarla ahora con nadie, nadie más
conoce su gramática oxidada,
ni entiende sus palabras de silencio.
Y tú no dejas de pensar qué fue
del penúltimo hablante del dalmático.

IDIOMA

Siempre hablaste un idioma que no entiendes.

Con equívocos nombres has querido
pedir paz y ofrecer pan, con verbos
mal conjugados fuiste redactando
una confusa historia de la vida,
has descrito con adjetivos torpes
el color y el perfume de tus rosas.

No entiendes este idioma, tergiversas
sus adverbios y sus demostrativos,
perpetras oraciones imprecisas
y has intentado inútilmente amar
con sus ambiguas interjecciones
—para decir adiós te bastó siempre
con el punto final de tus silencios—.

No comprendes tu idioma. Y no lo sabes.
Con él has construido tu universo
hecho de errores y malentendidos.

No hay nada más absurdo, más hermoso.

LONJA

Esta tarde el verano se desangra
en la lonja del puerto. Huele ya
a ausencias inminentes y al pescado
que no ha querido nadie. Las maletas
amontonan sus cueros junto al muelle
suplicando cobijo a cualquier barco
que emprenda solo viaje de retorno.
Al fondo del andén, unos amantes
recientes se despiden, sin saberlo,
por vez primera y última. El salitre
deja un tenue sabor a fin del mundo,
a nada que salvar, a afán estéril.

Todo es grandeza, si se saber ver.

APROXIMADAMENTE

No hay ningún mar completo, totalmente
oscura no es la noche más oscura,
algo le falta o sobra a cada cálculo,
no hallarás absoluta la belleza.

Nunca existió lo exacto: se inventó
para asustar al niño o darle vano
consuelo al hombre, son las matemáticas
la forma más piadosa de poesía.

Lo valioso no tiene un peso justo
y solo puede calcularse a ojo
aquello que trasciende de verdad.

Sea imprecisa nuestra visión del mundo,
y, ya que estamos más o menos vivos,
amémonos aproximadamente.

HIMNO

Ponerle letra al mundo,
no querías otra cosa.
Elegir las palabras
justas que compusiesen
sus versos, combinarlos
en estrofas exactas
y culminarlas con
un perfecto estribillo.
Tú creías poder
hacer rimar al mundo
en un himno que a todos
habías de ofrecernos
para que lo cantáramos
jubilosos y unísonos.
Pero al final supiste
que el mundo es melodía,
un eco disonante
que no tolera letra.
Ahora solo escribes
en blanco sobre blanco,
pero nos reconforta
la fe de tu silencio.

LA LUZ PRODIGIOSA

Un día ha de venir —pues siempre viene—
en que busques tu rostro en el espejo
y solo encuentres otro incierto rostro
que no conocerás. Esas facciones
cuarteadas serán caricatura
de las líneas perfectas de otro tiempo,
y será tu mirada un derrelicto
en el mar moribundo de tus ojos.

Cuando ese día venga —y viene siempre—,
no incurras en tristeza o rendición.

Hay un lugar que te conserva ilesa
al estrago del tiempo y su desahucio.

Ven ante mí y búscate en mis retinas.

Aquí te encontrarás inmarcesible:
ellas conservarán siempre la imagen
prístina de como eras en el justo
instante aquel en que la dejó impresa
en la cámara oscura de mi mente
la luz prodigiosa del amor.

ÚLTIMA PALABRA

Solo puede vivirse en las palabras.
Ya sean cuevas, palacios, pupilajes,
guaridas, orfanatos, cobertizos,
ya sean quintas, asilos, hosterías,
lazaretos, prostíbulos, mansiones,
son el único hogar: fuera de ellas
no queda nada más que un desahuciado
silencio, la áfona intemperie.
Se vive en las palabras sin saberlo
o a conciencia. A tientas se transitan
los pasillos de su significado
o se pernocta entre sus sinónimos,
o se danza su música o se huye
al pasado por su etimología.
Las palabras nos son hospitalarias,
pero no se poseen para siempre.
Vivir es ir perdiendo las palabras
donde vivir: algunas por descuido,
otras por sustracción o por renuncia,
te van escaseando y al final
solo te queda la palabra última.
Dichoso aquel que puede elegir
la palabra final donde quedarse.
¿Cuál sería la tuya, si es el caso?

¿Preferirás *ayer*, *nada*, *esperanza*,
o *vosotros* o *espérame* o *quizás*,
o has de elegir el nombre de tu pueblo
o el de un dios despiadado o tal vez
una que no haya oído nunca nadie
o esa que no se puede pronunciar?
Ojalá cuando tú escojas tu última
palabra en que vivir, sea palabra
acogedora, noble, luminosa,
porque la mía yo ya la he elegido:
será justo la misma que tú elijas.

IV

COROLARIO

COROLARIO

Cómo de honda, esta superficie.
Cuán infinita, nuestra brevedad.
Qué extraña plenitud, tanto vacío.

El estupor es todo el patrimonio
de los nescientes, su consolación.

Y es noble, sin saber, saber ser noble,
tener fe en todo cuanto no se cree,
seguir mirando aún, aun no viendo,
ser capaz de poder no ser capaz.

Gozar cuánto se sabe, pues se ignora.

ÍNDICE

I
NADA EXISTE

II
SI ALGO EXISTIERA, SERÍA INCOGNOSCIBLE

III
SI ALGO EXISTIERA Y FUERA COGNOSCIBLE, SERÍA INCOMUNICABLE

IV
COROLARIO

Esta primera edición de *Las ignorancias* se acabó de imprimir en Madrid el 21 de febrero del año 2025, centésimo décimo octavo del nacimiento de W. H. Auden en York.